AMAZING
GIRLS

了不起
的女孩 1

胡其山 著

中国致公出版社·北京

目 录

1 秋瑾：鉴湖女侠的传奇

5 宋庆龄：国之瑰宝

9 李贞：是钢铁亦不失温柔

13 史良：相信的力量

17 董竹君：民国奇女子

21 林巧稚：落入凡间的天使

25 吴健雄："世界欠她一个诺贝尔奖"

30 何泽慧："两弹一星"功勋背后的她

34 谢希德：病房里的学霸

38 林徽因：建筑家的眼睛，诗人的心灵

43 叶嘉莹：诗词的女儿，风雅的先生

48 樊锦诗：敦煌的女儿，一个甲子的守望

53 屠呦呦："中国神草"改变世界

58 张纯如：让"南京记忆"成为"世界记忆"

62 任长霞：中原大地上的女英雄

67 郎平：为排球而生的"铁榔头"

71 张桂梅：奇迹校长

76 王亚平：播种航天梦想的"太空教师"

80 杨宁：最美逆行者

85 李娜：独自上场的大满贯得主

秋瑾：鉴湖女侠的传奇

中国女权第一人
（1875年11月8日—1907年7月15日）

"芸芸众生，孰不爱生？爱生之极，进而爱群。"

"女学不兴，种族不强，女权不振，国势必弱。"

　　有个女孩叫闺瑾，小名玉姑。瑾，是罕见、少有的玉。因为爷爷和父亲一直在福建做地方官，玉姑的童年是在福建度过的。

　　玉姑是家里的老二，额头光洁，大眼睛、高鼻梁、薄嘴唇，肤色似玉。她7岁进私塾，最爱诗词、明清小说和笔记传奇。读过明末秦良玉、沈云英两位女英雄的故事后，她热血沸腾，写下"莫重男儿薄女儿""始信英雄亦有雌"，她不相信男尊女卑这样的鬼话。

　　有一天，表姐表妹来找玉姑谈天，说到女子没地位、没自由，玉姑愤愤地说："女子的聪明才智并不比男子差，只是没有机会。我们应该立志图强。"

　　父亲秋寿南刚好路过，皱着眉头问："《女诫》念了没有？"

　　"念了，还念了《史记》《汉书》。"

　　"看这么多书，'女子无才便是德'就忘了么？"

　　"可写《女诫》、编《汉书》的班昭就是女子。"

　　父亲愣住了，之后不无惋惜地说："阿瑾若是个男儿，考（科举）起来不怕不中。"

　　玉姑15岁那年，从福建回到老家浙江绍兴。得知舅父和表兄精通武术，她马上缠着舅父和表兄要学。因为从小缠了足，玉姑每次练完后裹脚布都浸透鲜血，但她把牙一咬，从不叫苦。她还要学骑马，每次摔得眼冒金星，她依旧把牙一咬："一点不疼。"

　　玉姑从不自认为弱女子，她要自己不仅头脑聪颖，还要体魄强健，文的也好武的也好，她就是要学本领。

玉姑21岁那年嫁给湖南湘潭的王子芳，王子芳是典型的纨绔子弟。几年后，王子芳买了一个京官，玉姑随着到了京城。

在京城，玉姑结识了几位了不起的女性，其中与她义结金兰的吴芝瑛，组织了进步妇女"谈论会"，经常聚会谈论天下大事。另有一位日本女性服部繁子，带来许多日本的情况。日本明治维新后成为亚洲第一强国，许多中国人希望在那里找到救亡图存的良方。玉姑的眼界迅速打开，从自身遭遇到女性地位，从家庭生活到国家命运，她开始了深沉的思考。

这一年中秋，本是其乐融融的日子，玉姑和丈夫又一次爆发冲突，在《满江红·京华小住》这首词里，她记下八年婚姻的感受："苦将侬强派作蛾眉，殊未屑！身不得，男儿列；心却比，男儿烈。"你们要我做个行尸走肉一样的花瓶，八年来，我从来不屑这种安排。我虽然不是男儿身，却比男子更有志向、更有血性。她下定决心，要救自己，就要先救这个国家，就要先走出去。

一年后，玉姑变卖了自己的首饰凑齐路费，来到日本，把自己的名字闺瑾改为瑾，大家叫她秋瑾。她参加了"演说练习会"，把演说当作宣传革命的武器。她参与创办《白话报》，倡导男女平等、思想解放，以笔名"鉴湖女侠"发表了不少文章。之后，秋瑾加入反清革命组织光复会，又加入孙中山先生领导的同盟会。两年后，秋瑾回国，"拼将十万头颅血，须把乾坤力挽回"，她决心大干一场。

此时，各地反清起义风起云涌。光复会创始人徐锡麟在安徽秘密活动，又以绍兴大通学堂作为浙皖联络中心，由秋瑾主持，准备两地同时起义。

1907年7月6日，徐锡麟安庆起义失败。12日，有学生给秋瑾送来起义失败，她被供出的消息，请她躲避。秋瑾说："革命要流血才会成功，如满奴能将我绑赴断头台，革命至少可以提早五年。"她组织大家隐藏枪支弹药后各自分散。

13日一大早，一个老人来到大通学堂，来人是化了装的革命党人。他告诉秋瑾，300清兵已过钱塘江，专为缉拿她。秋瑾淡然一笑，说："我不入地狱，谁入地狱？"来人无奈辞别。

15日，秋瑾就义于绍兴轩亭口，年仅32岁。

1912年，清帝溥仪退位，中华民国临时政府在南京成立。秋瑾的五年之期，冥冥之中居然应验了。

一百多年过去了，如今，在福建、湖南、浙江都有秋瑾故居纪念馆。来自四面八方的人们，循着秋瑾的足迹，赞叹她的绝世美貌和惊人才华，感喟她的慷慨豪情和救国热忱。那秋水般的眼睛，那玉石般的面庞，依然从容、坚定。人们在她高贵的灵魂面前，无不流下滚烫的泪水。

那些女孩教我的事：
休言女子非英物，夜夜龙泉壁上鸣。

宋庆龄：国之瑰宝

政治家、社会活动家
（1893年1月27日—1981年5月29日）

"不管你预备走哪一条路，顶顶要紧的是先要为自己做好准备。你不能赤手空拳地开始你的行程，你必须用知识把自己武装起来，你必须锻炼出健全的身体和足够的勇气。"

上海一个宋姓牧师家里有三个女孩，父亲由于很崇拜解放黑奴的美国总统林肯，给女孩们取名爱琳、庆琳、美琳。后来父亲请教一位博学的老先生，老先生说："中国人还是取中国式名字好，女孩名以文雅为佳。"于是，三姐妹的名字改为霭龄、庆龄、美龄。

二姐宋庆龄，14岁时带着妹妹美龄赴美国求学。在完全陌生的环境中，既有繁重的学习任务，还要照顾妹妹，二姐庆龄迅速成长，养成了坚毅、沉稳的性格。

有一天，班里讨论历史方面的问题，一个美国同学发言："历史的发展是难以估计的，那些所谓的文明古国，譬如亚洲的中国，已经被历史淘汰了。人类的希望在欧洲、在美洲、在我们这里。"

等这个同学讲完，宋庆龄就站了起来。她的语气有些激动，但语调依然柔和："历史确实是在不断变化着的，但它永远属于亿万大众。拥有五千年文明的中国，没有被淘汰，也不可能被淘汰。有人说她像一头沉睡的狮子，但她决不会永远沉睡下去。有多少仁人志士正在为她的振兴进行着艰苦卓绝的斗争啊！有一天，东方睡狮的吼声必将震惊全世界！因为她有广阔的土地，有勤劳的人民，有悠久的历史，有富饶的物产，有优良的传统……"

教室里响起了热烈的掌声。大家交口称赞："说得好，以理服人。"

因为父亲是孙中山先生的挚友和同志，庆龄大学毕业不久即担任孙先生的助手。后来，宋庆龄与流亡中的孙中山先生结婚，跟随孙先生踏上捍卫共和制度的艰苦征程。

　　1922年6月，广州军阀陈炯明叛变，要逮捕孙中山。叛军准备攻打孙中山住的越秀楼。孙中山让宋庆龄和自己一起撤离。宋庆龄认为，同时撤离目标太大，容易被敌军发现。如果自己留下，敌军会以为中山先生仍在楼内，这样可以掩护中山先生撤离。宋庆龄坚定地说："中国可以没有我，不可以没有先生。为了中国，你先走。"孙中山忍痛和宋庆龄道别。

　　次日凌晨，叛军攻进总统府。化装成士兵的宋庆龄急中生智，打开手里的包袱，把钱物撒在地上。叛军立刻哄抢起来，宋庆龄和卫士乘机逃了出来。走不多远，又发现远处过来几个敌兵，大家立刻躺在街上的死尸中间，骗过了敌兵。最后，宋庆龄和孙中山安全会合，大伙无不佩服宋庆龄的机智勇敢。

　　1933年，红军将领陈赓等5位爱国志士被上海国民党当局逮捕。宋庆龄心急如焚，不顾个人安危赶到南京找蒋介石要人。蒋介石狡辩："他们是共产党，扰乱治安，进行反对政府的活动……"

　　宋庆龄打断他："你拿出证据来！"

"证据在法院嘛！"

"可笑，法院要是有所谓的证据，早就拿出来了。"

宋庆龄指着蒋介石说："当年陈赓一直跟着你打仗，你吃败仗还是陈赓救了你一命。现在你要杀他，你天天说的礼义廉耻哪里去了？"

蒋介石哑口无言。害怕庆龄先生的影响力，只好无可奈何地说："我把陈赓交给你，不许他再从事破坏活动。"

新中国成立后，宋庆龄当选为国家副主席，为妇女儿童的教育、卫生事业付出大量的心血。由她创办的第一份综合性少儿期刊《儿童时代》，影响了一代又一代孩子，至今为我们带来智慧、欢乐和力量。

那些女孩教我的事：
用世界眼光掌握时代命运，用爱与信念捍卫和平正义。

李贞：是钢铁亦不失温柔

新中国第一位女将军
（1908年—1990年3月11日）

"我们这些幸存的老同志，和那些牺牲的战友相比，已经很幸福了。"

很久以前，湖南浏阳一个贫苦人家生了个女孩，取名"旦娃子"。6岁的时候，旦娃子被卖给一家人做童养媳，成天砍柴做饭伺候公婆，受气挨打是常事。旦娃子每天问自己：怎样才能脱离这个家？世界上还有没有另外一条路？

1926年春天，姐姐悄悄告诉旦娃子，区里来了共产党，成立了妇女解放协会，帮妇女翻身做主。旦娃子听完就去报名，她终于有了正式的名字——"李贞"，取"忠贞不渝"的"贞"字。在此之前，她一直被叫"旦娃子"，从来就没有过真正的姓名。从此以后，李贞经常提着一个装着文件的草篮子，随着共产党员们到处去发动群众，组织工会、农会、妇女协会、儿童团。她机灵勇敢，迅速脱颖而出，成为当地有名的女干部。1927年3月，李贞加入了中国共产党。

李贞的频繁活动，引起了当局的警惕，她被列入通缉名单，躲进山里。婆家赶紧和李贞划清界限，托人给李家送来休书。李贞终于挣脱了封建婚姻的桎梏！

蒋介石发动"四一二"反革命政变后，李贞和张启龙拉起队伍，组建浏东游击队。两人在朝夕相处中，萌生了感情。有一次，张启龙意外被捕，不及时营救一定凶多吉少，但要营救需要武器，怎么把武器运进城呢？大家想到一个办法：假装成送亲队伍，将武器藏在花轿里，由李贞扮作新娘。因为按当地的风俗，娶亲是一件热闹又严肃的事，一般情况下不会受到阻拦。所以过检查站的时候，检查人员没有细看就放他们过去了。

队伍来到团防局门口，李贞举着短枪跳出花轿，顿时枪声大作，大家击毙守卫把张启龙救了出来。队员跟张启龙开玩笑："你能得救，多亏你的'新娘'哟！"李贞和张启龙心意相通，几天后，两人简单地举行了婚礼。

不久，李贞带领队员外出侦察，路上遭遇大批敌人，激战后只剩下包括李贞在内的5名队员。敌人还在追赶，他们被逼到一处山崖。李贞坚定地说："我宁愿牺牲，也不当俘虏。"她带头跳下山崖，其他人也纷纷跳了下去。李贞和另一名游击队员被树枝挂住幸免于难，但等李贞醒来后，发现自己流产了。

1933年，张启龙因被诬陷而被错误关押。为了不连累李贞，他选择了离婚。1934年，李贞加入任弼时的队伍。对这个长相甜美、泼辣能干的"湘妹子"，任弼时的妻子陈琮英非常喜欢。在陈琮英的撮合下，1935年，李贞和甘泗淇结婚。长征途中过草地的时候，李贞早产，还没走出草地婴儿就夭折了。李贞大病一场，从此再也不能生育。

1955年9月27日，中国人民解放军的第一次授衔授勋典礼在中南海国务院礼堂举行。李贞、甘泗淇夫妇二人同时被授予将军军衔，47岁的李贞是唯一一位女少将。

周恩来总理亲手把少将军衔勋章授予李贞，并握住她的手说："祝贺你，李贞同志，你是新中国第一位女将军。"下午授勋典礼，在毛泽东主席给李贞授勋之前，周总理找到摄影师侯波，特别嘱咐："当李贞走上主席台，请你拍下主席给李贞授勋的镜头。"

老战友陈希云去世后，李贞把他的大女儿陈小妹接到家里抚养。苗族老红军朱早观病逝后，李贞把他的女儿朱一普也接来家中。夫妇俩抚养了20多位烈士遗孤，吃饭都要坐几桌，热闹非凡。

1990年，李贞离世，享年82岁。

将军的遗物有4枚勋章、4把藤椅、2只用尼龙绳牵连着的皮箱、11000元人民币、2500元国库券和战争年代留下的两根小金条。

将军这样安排：一根金条捐给自己的家乡浏阳县，另一根捐给丈夫甘泗淇的家乡宁乡县，用于发展教育事业；存款一分为二，一部分作为自己的党费上交组织，一部分捐献给宋庆龄儿童福利基金会。

那些女孩教我的事：

蝴蝶与坦克可以并存于一位女性身上，是钢铁亦不失温柔。

史良：相信的力量

中国首任司法部长

(1900年3月27日—1985年9月6日)

"妇女得不到解放，整个民族就讲不上解放！"

1900年，江苏常州一个清贫的教师家庭里又添了个女孩，父亲给她取名叫史良。史良从小爱读书，小小年纪就很有主见，她相信读书能改变命运。

家里实在困难，史良7岁那年，母亲给她订了门"娃娃亲"，希望女儿将来能有个依靠。史良知道后，整天蒙头大睡，不肯吃饭，用绝食抗议。母亲没办法，最后取消了这门"娃娃亲"。凭着小小的主见和坚定的勇气，史良开始为自己的人生做出选择。

史家大姐参加工作后，家里情况有所好转，14岁的史良得以进入学堂。机会来之不易！史良真正做到全神贯注，心里只有学习，其他的什么也不留意。她还坚持写日记，不是记录当天的天气或者家庭琐事，而是详细记载学习心得。1922年，史良进入上海法政大学法律系学习，1926年，史良转入上海法科大学，成了著名上海司法界人士董康的得意门生。史良感到在旧中国，妇女参政是件遥不可及的事，但学法律可以踏踏实实地帮助受欺负的老百姓。选择法律这个武器，是她又一次清醒的抉择。

1936年，全国抗日情绪日益高涨，史良迅速响应加入"全国各界救国联合会"，并被选举为中央执行委员。由于多次组织大规模的爱国救亡运动，宣传反对国民党的不抵抗政策，救国会中多位成员被捕。上海租界当局到处张贴告示，悬赏5万元通缉史良。幽默的史良找到一张通缉自己的告示，请朋友拍照留念。

为了与被捕同仁并肩战斗，安排好救国会的工作后，史良坐着小汽车，气宇轩昂地往苏州高等法院投案"自首"。"一个通缉犯怎么自投罗网？"检察官百思不解。

开庭前，律师到看守所来见史良。谁料史良正在烫头发，一副从容不迫的神情。律师禁不住赞叹！出庭如吃喜酒，这是怎样的精神呢？

1937年6月25日下午，高等法院开庭，史良意气风发地答辩："有强盗闯进家里，我叫家里的兄弟姐妹们不要再自己打自己了。首先，应当联合起来抵抗那些强盗，这有什么错？"她把法庭当作讲坛，既宣传了抗日救国的道理，还把法官驳斥得哑口无言。

这就是轰动全国的"七君子"事件，国民党反动派搬起石头砸了自己的脚，最后只能无奈地释放了七君子。毛主席得知后称赞史良是"女中豪杰"。

新中国成立之后，史良当选为首任司法部长。她踌躇满志，一头扎进新中国的司法事业，首先想到的便是要帮助女性。

千百年来，男尊女卑、女性只是男性附庸的思想根深蒂固。鲁迅的原配朱安，一辈子独守空房。张恨水已有发妻却执意纳妾，原配徐文淑只能默默接受，最后当了一辈子保姆。

女性不敢离婚，不然就会被旁人唾弃乃至无法在社会上生存。

史良根据自己多年婚姻诉讼实践以及从事妇女解放运动的经验，提出妇女应享有单独提请离婚的权利，主持制定颁布中国第一部《婚姻法》。从此中国女性不再仰人鼻息，自己的婚姻由自己做主。

史良从一名上不起学的穷孩子成长为一名律师，再到国家机构领导人之一，她用切身的行动、勇气、智慧和毅力，让人们看到了女性的力量和价值。

晚年的她在回忆录中写道："我是1900年出生的，我很幸运能够生活在这个最美好的世纪。"

殊不知，这个世纪正是因为有她的存在和努力，才多了许多美好和希望。

那些女孩教我的事：
一棵橡树的生长并不是茫无方向的，而是橡树本性的实现。

董竹君：民国奇女子

上海锦江饭店创始人

（1900年—1997年12月6日）

"我从不因被别人曲解而改变初衷，不因被冷落而怀疑信念，亦不因年迈而放慢脚步。"

董竹君出身于上海一个穷苦人家，她13岁那年，父亲得了一场重病，欠下很多债，董竹君无奈卖身青楼偿还债务。

光顾青楼的人鱼龙混杂，革命者也隐身于此，夏之时便是其中之一，他与董竹君互生情愫，约定终身。在一个月黑风高的晚上，董竹君灌醉了看守，逃出青楼，与夏之时一起东渡日本。在日本，董竹君如饥似渴地学习文化。四年后，她随夏之时回到成都，此时夏之时官居四川副都督，她成了显赫一时的都督夫人。

不久，夏之时因派系斗争被解职，从此意志消沉，沾染上大烟瘾，又嫌弃妻子生了四个女儿，经常对妻女家暴撒气。1929年，忍无可忍的董竹君净身出户，带着四个女儿回到上海。仿佛过去只是一场梦，兜兜转转她又回到了起点。

为了尊严而放弃都督夫人身份，这种传奇很容易就轰动了上海滩。但是，要养活四个孩子可不容易，董竹君不得不成了当铺的常客。

刚回到上海的几年，董竹君过得异常艰难。尽管丈夫多次派人来说合，她却从未动摇。1930年春，她办起一家小纱管厂，日子开始有所好转，但两年后纱管厂遭到日军炮击被迫停工。1935年，董竹君决定用开纱管厂赚的钱开一家川菜馆，取名锦江，期望它如蜀锦一样美轮美奂，似长江水一样久久长长。

川菜味重，沪人味淡，董竹君大胆改良，让川菜既保留特色，又适应本地人的口味。她还定了规矩：无论客人什么身份，都得按先来后到排队就餐。饭店名声很快打响，杜月笙、黄金荣是她的常客，国民党大员是她的座上宾，董竹君成了社会各界名流争相结交的女老板。

在跟各色人等打交道的过程中，董竹君像春风一样和煦，周旋逢迎八面玲珑，也像古井一样神秘，处变不惊自有丘壑。她不再是那个涉世未深的小女孩，谁是真英雄大丈夫，谁是汉奸流氓伪君子，她有自己的判断。

她不让孩子们随便进自家饭店。她会见客人，除非是进步人士，其他人一概不让到家里来，只在饭店会晤。目的只有一个，防止孩子们沾染十里洋场的恶习。

1949年5月，上海地下党负责人接到周恩来指示，营救被软禁的民主人士张澜和罗隆基。要想营救成功，必须策反上海警备司令部司令杨虎，派谁去做说服工作呢？负责人想到了董竹君。

这天晚上，杨虎应约到董竹君家，一进门就愁容满面。董竹君趁机同他谈论局势："现在形势变化很大，民心在哪一边，你杨司令应该比我一个女流看得更清楚。"杨虎点点头，没有言语。董竹君接着说："以杨司令的地位、资历和名望，完全可以为国家和老百姓做些有益的事，也是为自己今后早作打算。"杨虎说："夫人真心为杨某人着想，杨虎感激不尽。只是我身不由己，难以抉择。我只知道你对商业有兴趣，没想到夫人把局势分析得也很清楚。"董竹君回答道："这是由于爱国心的关系，中国人嘛！"

送走杨虎，董竹君已是一身冷汗，她直言相劝，是冒着巨大风险的。但钟不敲不鸣，董竹君认为杨虎是可以争取的。此后，她更是多次约谈杨虎，一步步帮助他认清形势，坚定决心，最终成功策反了杨虎，完成了营救任务。

新中国成立后，董竹君将经营了16年、价值3000两黄金的锦江饭店捐献给国家，锦江饭店成为新中国第一家国宾馆。1953年，周总理专门在中南海西花厅宴请董竹君，席间向她敬酒："你作为都督夫人，甘愿抛弃荣华富贵，而去选择追求真理，参加革命。一个人革命很难，一个女人革命更难。但是你做到了，还做得很成功，很不容易。"

是的，太不容易。她不是名人之后，也不是名人之妻，从清倌人到商界女强人，她纤弱秀美又一身傲骨，聪慧机敏又格局远大，凭借上进的灵魂和顽强的毅力，独自乘风破浪。

1997年12月，董竹君因病去世，享年97岁。

那些女孩教我的事：
出身只是起点，像竹子一样坚韧成长，无惧命运的坎坷，只有自己才是自己的码头，也只有自己才能渡自己。

林巧稚：落入凡间的天使

医学家

（1901年12月23日—1983年4月22日）

"只要我一息尚存，我存在的场所便是病房，存在的价值便是医治病人。"

1901年，林巧稚出生于厦门鼓浪屿。她5岁时，母亲因妇科疾病去世，成为她一生的伤痛。得知医生可以跟死亡"打架"，她暗暗树立长大了要当医生的理想。

1921年7月下旬，林巧稚和女伴到上海参加北京协和医学院的考试。在最后一场英语考试前，由于天气酷热，女伴中暑昏倒，林巧稚立即与另外一位女生将她抬到阴凉处，仅用十来分钟，便敏捷地处理完了这起突发事件。等她回到考场，考试时间已过。这场考试仅仅录取25人，她抱着名落孙山的心态回到厦门。

监考老师把林巧稚抢救女伴的过程记录下来，并专门给协和医学院写了一份报告：第一，她能说一口流利的英语；第二，她处理突发事件时沉着、果断、有序，这是当医生必不可少的素质；第三，她的各科总成绩并不低。报告交到院长办公室，院长拍板录取她，理由是：协和医学院可以培养出无数具有优秀医学技能的学生，却不一定能够培养出具有高尚医德的学生。

8年后，入学时试卷没做完的学生，博士毕业时获得了首届"文海奖"。"文海奖"每届只授予一人，是毕业生的最高荣誉。这一年林巧稚成为北京协和医院第一位留院的妇产科女医生，后来，她接生了一个宝宝"袁小孩"，他长大后有了正式的大名——袁隆平。

1962年，林巧稚接收了一个特殊病例，该产妇已有三个孩子死于新生儿溶血症，这种病当时在国内尚无治愈的先例。

专家会诊之后，林巧稚一拍板，决定用脐静脉换血法。这个治疗方法的原理看似简单，其实对抽血和输血的速度、数量、次数等都极有讲究，稍有不慎便前功尽弃。婴儿出生两个多小时便出现黄疸的症状。第一次换血后，黄疸症状复发，医生们又对患儿进行第二次换血。三天后，第三次换血。之后，婴儿身上的黄疸症状逐渐消失，这个婴儿成为中国有记录以来首例成功的新生儿溶血症手术患者，而此时林巧稚已经整整7天没有离开过这个孩子。

林巧稚一生未婚，每一个由她亲手接生的孩子，出生证上都有她秀丽的英文签字："Lin Qiaozhi's Baby"（林巧稚的孩子）。她生平最爱听的声音，就是婴儿出生后的第一声啼哭。许多新生儿的父母纷纷为自己的孩子取名"念林""敬林""仰林""爱林"等，表达他们的感恩之情。

林巧稚一生未婚，医院和病房就是她的家，她的办公室就在产房对面，产妇的一声不寻常呻吟，她都能敏感地听出来。

刚做大夫时，林巧稚总是握着产妇的手，帮她们擦去脸上的汗珠。时任协和妇产科主任的美国人惠特克不屑地说："林大夫，你以为拉拉产妇的手，给产妇擦擦汗就能成为教授吗？"而就是这一握手、一擦汗，让病人对她产生了信赖。数十年后，林巧稚成为国内妇产科首屈一指的专家，仍会握着产妇的手，给她们擦汗。年逾古稀，她开始忘事，但只要涉及病人，又记得比谁都清楚。她用一生践行医者仁心，始终以病人为重，热诚和爱心贯穿她的整个职业生涯。

1983年4月22日清晨，林巧稚在昏睡中发出呓语，急促地叫喊："产钳，产钳，快拿产钳来！"过了一会儿，她的脸上露出一丝微笑："又是一个胖娃娃，一晚上接生了3个，真好！"

这是林巧稚留给这个世界的最后的话。

那些女孩教我的事：
怀着非凡的爱做平凡的事，借一己微光，谱一首生命赞歌。

吴健雄："世界欠她一个诺贝尔奖"

核物理学家、"原子弹之母"
（1912年5月31日—1997年2月16日）

"难道微小的原子和核子，数学的表征或者生物的基因分子也会对男性和女性有不同的偏好吗？"

"一个卓越的世界公民，一个永远的中国人。"

1912年，苏州太仓的吴家生了个女孩，女孩按辈分排到"健"字辈，再按照"英雄豪杰"的顺序，她排行第二，便取了"雄"字，全名叫吴健雄。

吴健雄在上海中国公学念书的时候，有一次考试题目是谈谈对清朝300年思想史的看法。胡适先生批到吴健雄的答卷时，连连称赞，对旁边两位先生说："我教书这么久，从未遇到有哪个学生能对清朝300年思想史理解得那么透彻。这个小姑娘真厉害，我要给她100分。"两位老师也说有个女生总考100分。三人来了兴趣，便说各自写下这个学生的名字。没想到，三个人写的都是吴健雄。

1936年8月，吴健雄离开家乡远赴美国留学，她原本只计划在旧金山停留一个礼拜。阴差阳错，她来到加州大学伯克利分校，并拥有了一场浪漫的相遇。为她担任伯克利向导的，正是后来成为她丈夫的袁家骝。但浪漫的相遇不仅仅是和未来的爱人，在参观伯克利放射实验室时，她发现这里拥有世界上第一台回旋加速器。这种设备可以用于加速带电粒子，撞击不同原子核，进行当时最热门的原子核实验。彼时的伯克利正聚集着一批年轻又顶尖的物理学家：发明和建造回旋加速器的劳伦斯、未来的美国"原子弹之父"奥本海默⋯⋯吴健雄当即决定，留在伯克利。

之前她跟同伴董若芬已约定共同前往密西根大学。得知她的选择，同伴很生气，独自前往并断绝了和她的友谊。但吴健雄并未动摇，她是敏锐的，更是果断的。

在伯克利众多名师的指导下，吴健雄迅速成长为核物理领域一颗闪亮的新星。

1942年，美国开始实施利用核裂变反应研制原子弹的"曼哈顿计划"。科学家们遇到一个始终无法跨越的门槛——撞击产生的中子莫名其妙消失，链式反应无法持续。负责人奥本海默想到自己的学生吴健雄。因为早在1939年，吴健雄就发现铀在核裂变过程中会产生大量同位素氙-135，并提出这种同位素对中子具备一定的吸收性。由于性别和国籍，吴健雄不可能参与"曼哈顿计划"的核心任务。最终奥本海默力排众议，将这项核心任务交给吴健雄。

吴健雄很快就确定：因为氙-135具有极大的中子吸收截面，大量吸收撞击产生的中子，导致反应失去动力而停止。于是她研发出一种可用于隔离氙-135的装置，阻断了其对中子的吸收，使得原子弹顺利研发成功。1945年，美国在日本投下两颗原子弹，加速了二战的结束。

然而，在当时充满国籍歧视和性别歧视的美国科学界，他们避而不谈吴健雄的卓越贡献，更不愿意承认是一位中国女性帮助他们突破了近乎不可逾越的障碍。直到1992年，哥伦比亚大学在授予吴健雄美国理工界最高荣誉的普宾奖时，才正式将这个秘密公之于众。

吴健雄对人类历史上第

一颗原子弹的贡献终于被世界了解,她被称为"原子弹之母",然而此时距离她所做的工作已过去近半个世纪。

1956年,杨振宁和李政道请吴健雄设计一个实验,来证明早先他们提出的在弱作用下宇称不守恒的理论。按照宇称守恒理论,原子核在β衰变时放出的电子,运动方向应该是随机的,跟核自旋没有关系。如果电子运动方向跟核自旋的方向相反,就说明存在宇称不守恒。当时很多顶尖学者认为宇称不守恒理论太过荒诞,有的还调侃说如果实验成功就把自己的帽子吃了,这是一个世界级的挑战。

这一年,吴健雄44岁,在质疑的声浪中她应下了杨、李二人的请求,迅速投入实验的设计中。她设计了一个精巧的实验:她选定一种叫作钴-60的放射性物质,把它冷却到接近绝对零度,放在一个强磁场中,使得钴-60原子的自旋都排列成一致的方向,然后用探测器来测量钴-60原子β衰变时放出的电子的方向。

实验经历了半年时间。每天凌晨2点,吴健雄开始工作。此刻是华盛顿最宁静的时候,实验室里没有杂音、没有震动,仪表上最细微的变化、最轻微的响动都是最真实、最容易捕捉到的。吴健雄对实验时间的选择可谓煞费苦心。

结果令人震惊:电子运动的方向并不是随机的,从原子核的南极射出的电子比北极多。她把自旋倒转过来,得到了同样的不对称结果。物理学中的基本概念宇称在实验中被推翻了!

在弱作用下宇称不守恒的理论被吴健雄用实验加以证实,杨振宁、李政道因此获得了1957年诺贝尔物理学奖。实验的设计者吴健雄不在获奖名单中,许多人为此深感不平。李政道说,解决对称破坏这一问题的最后推动力,几乎完全来自实验方面。

曾任美国驻意大利大使的卢斯夫人说:"当吴健雄博士将宇称

原理推翻时，她就建立了男女之间的宇称原理，再也不能说妇女不能站在科学成就的顶峰之上了。"

如今，吴健雄的头像已然与爱因斯坦、费米、费曼等伟大的物理学家们一同被印制于美国永久纪念邮票上，她的辉光再也不会被掩藏，她的能量将持续辐射整个世界。

那些女孩教我的事：

世人的眼光或许分男女，微小的原子与核子却不会，我们的努力，终究是能被看见的。

何泽慧："两弹一星"功勋背后的她

核物理学家

（1914年3月5日—2011年6月20日）

"这没有什么难的，你认真一点也会发现。"

1914年，江苏苏州一座园林式大宅院添了个老三，就是何泽慧。父亲何澄早年追随孙中山先生投身革命，注重教育，思想开明。在这种家庭环境中的老三得以无拘无束地成长，她酷爱读书，性格直率。

1931年，何泽慧以优异成绩考入清华大学物理系。没想到，学校要求物理系的女生转系，理由是物理研究工作过于艰苦，不适合女生。她直接找到系主任叶企孙教授当面辩论，最终如愿留在清华物理系。4年后，物理系只有10名同学顺利毕业，何泽慧拿到第一名，第二名是个叫钱三强的男生。同专业的男生都顺利进入军工署工作，因为是女生，何泽慧被无情拒绝了。

何泽慧决定申请留学德国的机会，她想进入德国柏林高等工业大学学习实验弹道学。但这个专业涉及德国军事机密，从不收外国学生。何泽慧又一次表现出不服输的劲儿，找到该校系主任克莱茨："您曾经担任中国军事顾问，帮助我们赶走侵略者，如今日本正在侵略我的国家，我千里迢迢来这里跟您学习，就是为了赶走侵略者，您为什么不肯收下我？"

克莱茨破例收下了何泽慧。

一次次打破刻板印象和既有规则，是性格使然，也必须具有超前的眼光，何泽慧就是这样一位敢于也善于"抢跑"的人。

博士毕业后何泽慧准备回国，但战争让她和家人失去联系，不得不留在德国，转向研究核物理。1943年，她进入海德堡威廉皇家学院核物理研究所，在玻特教授的指导下从事当时已初露应用前景的原子核物理研究。由她首先观测到的正负电子碰撞现象，被英国《自然》称为"科学珍闻"。

此时钱三强来到法国留学，德国与法国恢复了通信，频繁的通信让两颗年轻的心走到一起。他们一起在居里实验室工作，开始共同的科学生涯。

一天晚上，何泽慧在显微镜中突然发现，原子核从一个点发射出了四条粗线。学术界通常认为，原子核分裂只可能分为两个碎片，即两条粗线，何泽慧判断这很有可能是铀原子的四分裂。几个月后，何泽慧观察到第二个四分裂现象。

1947年，何泽慧、钱三强与两位法国合作者正式发表论文公布研究成果，证实了铀核三分裂、四分裂现象的存在。这一发现引起科学界的震动。铀是实现核裂变反应的主要元素，是制造原子弹的核心材料，这是堪称"诺奖"级别的发现，也是何泽慧在科学研究上的又一次"抢跑"。

此时，何泽慧的前途一片光明，并且国外实验室条件优越，她留在那里能取得更多研究成果，但钱三强和何泽慧冲破层层阻挠，毅然回到祖国，投入对原子弹和氢弹的研究。

中国第一颗原子弹核心部位之一的点火中子源，就是何泽慧研制出来的。氢弹的数据重测，又是何泽慧带着团队做实验。别的国家需要好几年才能得出数据，而何泽慧仅用了几个月就取得了成功。

对于这些巨大的成就，何泽慧从不与人言，不居功，不自傲。国内有媒体称他们是"中国的居里夫妇"，但钱三强与何泽慧从来没认可这个称谓。

"文化大革命"后的几年中，何泽慧任职于中国科学院高能物理研究所。有一次，同事宋黎明跟何泽慧聊起儿时看到一颗彗星，何泽慧说在干校时也看到过。过了几天，何泽慧抱着几本天文学年历和一沓记录纸到办公室找到宋黎明。天文学年历上记录着这颗彗星的数据，记录纸上是何泽慧当时的观测数据。何泽慧介绍了自己当时的观测设备：一个自己做的三脚架，一个初中老师上课用的量角器。她画了草图，介绍了如何确定观测纬度、观测时间，如何确定彗星的方向，如何进行数据处理，最后把他们的数据跟天文学年历的比较。宋黎明感慨道："'大家'的思维是不受任何外界环境影响的。科学家之所以能做出如此卓越的贡献，是因为他们已经把科学作为一种生活方式。"

"何大家"传授给宋黎明对待科学的理念，如今他也教给了自己的学生：其一，超越时代的思维方式及探究真理的执着精神；其二，真正懂得创新的人，对客观环境的要求很少；其三，以科学的态度生活将会影响我们终生。

那些女孩教我的事：
困境与挑战的另一面也是机遇，机遇往往青睐具有超前意识的抢跑者。

谢希德：病房里的学霸

中国半导体之母，新中国第一位女校长
（1921年3月19日—2000年3月4日）

"只有读书可以使我忘掉病痛,读书是治我疾病的良方。"

"我不是希望所有的女孩都投身科学——她们应该有选择的权利,而不应该因偏见和其他障碍被排斥在外。"

  1921年,福建泉州谢家生了个女孩。按照中国家谱字辈传统,孩子辈分是"希",父亲另选了个"德"字。谢希德,一个中性又饱含期待的名字。

  谢希德的父亲谢玉铭,在美国留学时因精确测定了氢原子光谱的结构,被杨振宁誉为"与诺贝尔奖擦肩而过"的人。在父亲的熏陶下,谢希德从小就热爱物理,并表现出很高的物理天赋。就读于燕京附属小学期间,谢希德年年"霸榜"。很多年后,当年的小学老师们还会感慨,"那真是个聪明的小姑娘"。抗战期间,谢希德跟随父母在颠沛流离中读完中学,17岁那年考上湖南大学物理系。正开心地等着上大学呢,她却总觉得腿疼,去医院一检查——骨关节结核。那时候,沾上结核就算得上是"不治之症",更何况是骨结核,轻者长期卧床,重者终生瘫痪。

  谢希德开始以医院为家。她住进湖南湘雅医院,右腿绑上石膏,不能动,不能下床。这是当时通行的疗法,据说打上石膏可以让病菌坏死。她苦闷、无助,经常偷偷掉眼泪。困在看不到希望的病房里,她学会了忍耐和等待。硬生生在床上躺了4年后,她终于能站起来,但右腿从此不能弯曲。不过她已经不再沮丧,还凭着顽强的毅力和强大的自学能力,在休养期间考入厦门大学物理系,她终于又可以读书了。

  从厦门大学毕业后的谢希德顺利考入美国史密斯学院攻读硕士,

两年后又考入美国麻省理工学院攻读博士学位。1949年,新中国成立的消息传来,她只有一个念头:我要回去,参与建设新中国。

回国可不是容易的事。一是她没完成学业,本领还没学到手;二是父亲强烈反对,从她的事业发展和身体健康出发,留在美国无疑是最好的选择;三是1950年朝鲜战争爆发后,美国政府害怕军事科学技术泄密,禁止在美的理工科中国学生和学者回国。有些留学生被扣押,有些经过夏威夷时被拦截。想要从美国回国,从实操性来讲,也很困难。

怎么办?边忍耐边准备,这是谢希德生病四年换来的宝贵经验。首先,她用两年时间完成学业,获得博士学位。然后,她以未婚夫在英国,自己需要去英国结婚为理由,拿到特别"旅行证"离美赴英。在英国短暂逗留后,夫妻二人穿越地中海、红海,当轮船驶入印度洋,谢希德心潮澎湃。她像一只大雁,在严冬不得不离开家园,如今春回大地,一定要飞回祖国故园,去耕耘!去奋斗!1952年国庆节,二人抵达上海。

回到祖国后,谢希德立即投入中国半导体物理和表面物理理论研究的事业中,为中国半导体事业的发展打下了坚实的基础,培养了中国"芯"第一批宝贵人才。

在担任复旦大学副校长、校长期间,谢希德率先在国内打破综合大学只有文科、理科的苏联模式,增设技术科学学院、经济学院、管理学院等,将复旦大学变为一所综合性大学。

这位中国半导体之母,被誉为"中国科学殿堂里最美丽的女人",她的一生饱经磨难,常与疾病为伴,晚年确诊为乳腺癌晚期也没有停止工作。她常说自己知足常乐,能够活到60岁就非常满足了,超过60岁的每分每秒,都会用来为教育科研事业、为人民、为社会工作。

今天，当我们手握龙芯CPU、鲲鹏和麒麟芯片这样的大国重器，绝不能忘记，正是她用瘦弱而坚强的身躯，为中国的半导体理论研究和人才培养撑起一片天，才让我们有底气和信心打赢未来的"芯片之战"。

那些女孩教我的事：
穿过凛冬和荒漠，我将归来盛放。

林徽因：建筑家的眼睛，诗人的心灵

建筑学家、诗人、作家
（1904年6月10日—1955年4月1日）

"你是一树一树的花开,是燕在梁间呢喃,——你是爱,是暖,是希望,你是人间的四月天!"

林徽音出身于浙江杭州一个官宦家庭,"徽音"出自《诗经·大雅·思齐》,多用于形容女子美德佳音。作为长女,徽音天资聪颖,6岁便为祖父代笔,给远方的父亲写信。

16岁那年初夏,徽音随赴欧考察的父亲游历。身处不一样的文化环境,徽音每天都在更新自己的认知。

一天,徽音跟几个当地小伙伴去海边玩。大家用沙子堆城堡,一个女孩喊道:"黛丝工程师,快来帮忙。"名叫黛丝的女孩跑了过来,徽音问她:"她为什么叫你工程师?"

黛丝说:"因为我对建筑感兴趣。"

徽音问:"你说的是盖房子吗?"

黛丝说:"它们不是一回事。建筑是一门艺术,像诗歌和绘画一样,有自己独特的语言。"

诗歌和绘画是徽音一直喜爱的,而建筑恰似流动的诗歌、立体的绘画。徽音对建筑萌生了朦胧的向往。此后,欧洲街头那些文艺复兴时期的精美建筑,对徽音有了不一样的意味。

1924年6月,林徽音和未婚夫梁思成赴美国攻读建筑学。四年后,二人回国受聘于东北大学建筑系。张学良发起东北大学校徽图案大奖赛,一幅"白山黑水"夺魁,作者正是林徽音。在一个几乎被男性垄断的专业领域,林徽音初试锋芒便崭露头角,也因此坚定了自己的建筑梦想。

"九一八"事变后，夫妇二人一起受聘于朱启钤投资创办的中国营造学社，返回北平工作。二人回到北平不久，徽音患上严重的肺病。养病期间，徐志摩、沈从文等文人朋友常来看望，激发了她的创作灵感，新月派诗歌的代表性佳作《你是人间的四月天》就是这期间的作品。由于名字跟一男作家相近，她改名为林徽因。

但是，只要身体允许，林徽因马上进入建筑师的状态。1935年，夫妇二人设计了北京大学女生宿舍，采用不对称的布局，造型简洁，比例匀称。徽因考虑女生手小，楼梯扶手设计得比一般的细窄，体贴入微的设计，赢得专家一致称赞。

林徽因不满足只做案头设计，她更热爱田野调查。从1930年到1945年，穿着旗袍的林徽因和穿着西装的梁思成走遍中国15个省、190多个县城，考察了2738处古建筑。无论是荒郊野外的断壁残垣，

还是阴森破败的危楼高塔,这个大家闺秀以多病羸弱之身,爬梁上房,登高履险,测量、对比、记录、统计。

老友金岳霖以梁、林二人为灵感,创作了一副对联:梁上君子,林下美人。林徽因不以为然:"什么林下美人!我也经常上梁的。"

新中国成立初期,党中央将设计国徽的重大任务交给林徽因。林家的客厅变成工作间,沙发和桌椅上摆满了金、红两色图案,林徽因埋头工作,完全忘记了自己还是一个病人。在女儿梁再冰的眼里,国徽的红色中也有妈妈的一小滴血。

1950年6月,梁思成、林徽因领导的清华大学营建学系国徽设计小组提交了设计图案。经过一次次修改,最终把第四次的版本提交给周恩来总理。

周总理提出一个建议:"加上麦穗是不是会更好呢?"其实麦穗这个元素在林徽因的前几版方案中已经出现,这个元素象征了"民以食为天"的中华传统文化,更展现了劳动人民的朴实与奉献。麦穗的融入,成为国徽设计的点睛之笔。

此时的林徽因体重只有50多斤。完成了国徽样稿的完善工作后,她又投入人民英雄纪念碑的设计工作中。为了体现英雄高贵、纯洁和坚韧的品质,林徽因选定牡丹、荷花和菊花来雕塑小须弥碑座八个大花环浮雕,与大须弥碑座的八幅近代历史浮雕呼应,从而把英雄的乐章推向高潮。

1955年,还没有看到人民英雄纪念碑竣工,林徽因在北京病逝,年仅51岁。老友金岳霖、邓以蛰联名送来挽联:一身诗意千寻瀑,万古人间四月天。

她的墓碑上没有铭文,只有一个浮雕花环,橄榄枝环抱着牡丹、荷花、菊花,这是林徽因生前为人民英雄纪念碑须弥座上设计的碑样。

墓碑上仅刻有一行字：建筑师林徽因之墓。

那些女孩教我的事：
用细弱的臂膀丈量历史的厚重，用艺术的灵魂见证时光的流转。

叶嘉莹：诗词的女儿，风雅的先生

古典文学研究专家、教育家、诗人

（1924年7月2日—　）

"我平生志意，就是要把美好的诗词传给下一代人。"

"诗词的研读并不是我追求的目标，而是支持我走过忧患的一种力量。"

叶嘉莹出身于北京一个大家庭，那是一个宁静的书香世家，家里总是很安静，可以听得到蝉鸣和蟋蟀叫，再有就是人的读书声了。她从小爱背诗，家里来了亲戚朋友，就给客人背李白的《长干行》："八月蝴蝶黄，双飞西园草。感此伤妾心，坐愁红颜老。"大家就笑了："你才几岁，就知道'坐愁红颜老'了？"小孩子当然是不了解诗意的，但是就像唱歌一样，不管懂不懂，背就是了。

快乐的日子并不长久。1937年卢沟桥事变后，远在上海的父亲从此音信全无。又四年，思虑成疾的母亲病逝。叶嘉莹与两个弟弟成为孤儿，随伯父一家生活。伯父和伯母怜惜父母双亡的三人，对他们视如己出。叶嘉莹得以继续学习，并考入北京辅仁大学国文系。毕业后，她在北平的一所中学担任教师，认识了丈夫赵东荪。结婚后，她随丈夫到了台湾，混乱的时局下，丈夫长期失业，性情大变，经常家暴。叶嘉莹不仅要挑起一家人生活的重担，还要忍受丈夫的喜怒无常。身处那样的日子里，她是绝望的。

好在，她还有最钟爱的诗词，诗词里的养分在少年时代滋养了她，在漫长的人生路上陪伴了她，在困难时扶持了她。诗词是"医治"她的药。她立志要将自己从诗词中获得的力量，传递给他人。赴台以后，叶嘉莹先后在彰化女中、台北女中任教。当时台湾大专联考竞争激烈，但她教导的学生总是名列前茅。

1966年，叶嘉莹应邀前往美国密西根大学任教，后又担任哈佛大学、加拿大哥伦比亚大学教授。她游历各国高校，几十年如一日地推广中华古典文化。

叶嘉莹虽然能用英语流利讲解汉语古典诗词，但在文化不同的外国土地上，用异国语言来讲授中国古典诗歌，总不免会有一种失根的感觉。古典诗词经过一层翻译，会流失很多美妙之处。而且阐发诗词，也不如用自己的母语讲述可以天马行空般自由。

尽管获聘为不列颠哥伦比亚大学终身教授，生活安稳；尽管选课学生越来越多，影响越来越大，叶嘉莹却越来越清晰地意识到，自己的故乡在中国，汉语古典诗词的根也在中国。每每在课堂上讲到杜甫"夔府孤城落日斜，每依北斗望京华"，她都会情动于中，流下眼泪。她盼望有一天能够回到故乡，用自己的语言来讲授自己所喜爱的诗歌。

1978年，叶嘉莹得知国内恢复高考的消息，她再也坐不住了。对她而言，把一切建在小家、小我之上，不是一个终极的追求和理想。心魂所托应从"小家"扩展到"大家"，她要回到祖国教书，把"余生交给国家，交付给诗词"，把"古代诗人的心魂、理想传达给下一代"。她即刻给国家教委写了一封申请信，表示不要任何报酬，只希望能回国教书。

告别温哥华稳定的生活，一个人回到国内教学、生活，叶嘉莹的选择很难得到朋友的

理解，但她很坚定自己的选择。她自言在她的一生中，很多事情没有选择的余地，这次是她唯一的自己的选择。

1979年，叶嘉莹的申请得到批准。此后，她便过起候鸟般的生活，按照时令奔波于大洋两岸，辗转各地数十所大学讲学，来回机票都是自费。"书生报国成何计，难忘诗骚李杜魂。"叶嘉莹曾在诗中

这样写道。她辛苦奔波，只为了实现书生报国的理想。

2015年10月17日，迦陵学舍落成典礼在南开大学正式举行，叶嘉莹也由此正式定居南开园。在南开，她的课堂永远座无虚席。"白昼谈诗夜讲词，诸生与我共成痴。"她站在古典的门口，为中国人通往古典诗词国度推开第一扇门。门内，是辛弃疾的金戈铁马，是李白的故乡明月，这是只属于中国人的精神世界。

她站在那里，就是对古典诗歌最好的注解，就是一首沧桑美好、意蕴悠长的古诗。

那些女孩教我的事：

你要把春天留在你的心里，而不是一味向外追求，春天与我们的生命曾是同一种质地。

樊锦诗：敦煌的女儿，一个甲子的守望

敦煌研究院名誉院长、中央文史研究馆馆员

（1938年7月— ）

"人生的幸福在哪里？我觉得就在人的本性要求他所做的事情里。"

"敦煌莫高窟是那么了不起的文化遗产，能为它服务是我的幸运。"

中学时，樊锦诗从课本上读到一篇关于莫高窟的课文，从那时起，敦煌就成为她的一个遥远又浪漫的梦。

1962年，已是北京大学考古专业大三学生的樊锦诗，来到敦煌研究所实习。第一次来到敦煌，看一个洞窟——好，再看一个——更好。真是美轮美奂，远远超过书本文字的描述，好像进入了童话世界。

然而，童话世界美的一面震撼人心，苦的一面同样难以描述。敦煌僻处西北戈壁，洞内是童话世界、艺术殿堂，洞外是飞沙走石、黄土漫天。土房子不通电，厕所在几里外，水是苦的，饭是杂粮。严重的水土不服，让樊锦诗一病不起。不到三个月，她提前结束实习回到北京，走的时候想："但愿不要再回去了吧。"

次年樊锦诗毕业，此时的敦煌急缺考古人才，敦煌文物研究所找北大要人。最终，北大决定将樊锦诗分配到敦煌文物研究所。

始建于公元366年的敦煌莫高窟，历经一千多年的改朝换代，经历动乱、战火、盗掠，送走了一批批各怀心思的国际探险队、考古队之后，等来了新的守护人——樊锦诗。

樊锦诗决定先去敦煌待几年，再找机会调回北京。她对分配到武汉大学任教的男友说，很快相聚，顶多三四年。

转眼间，三四年过去了，七八年也过去了。随着对敦煌石窟认识的深入，樊锦诗对敦煌的感情已经无法割舍。19年后，她没有回到北京，也没有去武汉，反倒是丈夫从武汉调到敦煌研究院。是的，

只有在这里，她的心才得到平静，此心归处是敦煌。

后来，她说："我本来没想留那么久的，但我给自己算了次命，我的命就在敦煌。"

樊锦诗在敦煌石窟的工作，一是研究，一是保护，而从长远看，保护重于研究。莫高窟几乎所有洞窟都不同程度地存在着病害，并且，大量游客在某一时段内的集中参观会带来洞窟内温度、湿度的变化，这些都会加速壁画老化。莫高窟对外开放后，一年几十万游客，令狭小的洞窟和脆弱的壁画不堪重负。樊锦诗夜夜难眠，担心哪天一觉醒来莫高窟不见了。

日新月异的数字技术给了她灵感，她开始大胆构思数字敦煌——为每一个洞窟、每一幅壁画、每一尊彩塑建立数字档案，利用数字

技术让莫高窟"容颜永驻"。2014年,莫高窟数字展示中心竣工,共四个数字电影厅,两个球幕影院和两个数字影院。观看效果非常好,画面清晰精致,如临现场,甚至比洞里看得还清楚。古老的石窟熠熠生辉,焕发时代新光彩。

1998年左右,全国掀起旅游景点上市热潮,有关部门要将莫高窟与旅游公司捆绑上市。樊锦诗坚决不同意。这位敦煌的女儿奔走求助,撰写莫高窟申报世界文化遗产的材料。在她的发起和直接参与下,《甘肃敦煌莫高窟保护条例》由甘肃省人大审议通过,并于2003年颁布实施。用她的好友美国文物保护首席专家内维尔·阿根纽的话来说,"樊锦诗属虎,所以保护莫高窟时的她就像老虎一样勇猛"。

60年前,雕塑家孙纪元为敦煌雕刻一座取名"青春"的石像,准备送到驻法国大使馆。看到彼时刚到敦煌研究院的青春洋溢的樊锦诗,就以她为蓝本:梳着小鬏鬏的短发姑娘,背着书包,左手拿着一顶大草帽,身体微微前倾,一副立即出发的神态。

最终,"青春"没有去成大使馆,而是留在了敦煌。之后每每谈到这座雕像,樊锦诗总是先澄清:"这座雕像不是我,只是以我为蓝本。"一位记者前去敦煌采访,拍了一张她与"青春"的合影:"青春"面容刚毅坚决,旁边的笑脸喜悦天真。

> 那些女孩教我的事:
> 一生择一事,一事终一生。

屠呦呦:"中国神草"改变世界

药学家

(1930年12月30日—)

"没有行不行，只有肯不肯坚持。"

宁波一户姓屠的医生家，在生了五个男孩后，终于迎来一个女孩，爸爸给她取名呦呦，希望她像小鹿一样，永远欢乐地鸣叫。大家庭里有呦呦的地方就笑声不断，她的影子追不上笑声，鞋子跟不上脚步。

16岁那年，呦呦得了肺结核，这个病以前叫"肺痨"。"十痨九死"，意思就是10个病人中只有1个能侥幸存活，它还有很强的传染性。小鹿不得不休学在家，影子被禁锢了，笑声喑哑了，欢腾的院子安静了，充斥着浓浓的中药气味。

呦呦喝药的时间到了，她问妈妈："我的病能治好吗？"妈妈回答："呦呦鹿鸣，食野之苹。小鹿尝百草，你也得服够100味药才能好。能做到吗？"呦呦说："我能。"

两年后，呦呦幸运地回到学校。同学们惊奇地发现，屠呦呦变得沉静了。她把所有的精力放在学习上，以优异的成绩考入北京大学医学院药学系。

玩具是膏丸丹散，看书不离本草经典，开口便是汤头歌，动手难舍蒸煮烘焙。中医世家的熏陶，少年患病的经历，让屠呦呦坚信：自然疗愈的慷慨和神秘，都在这一味味中

药里。

大学4年，屠呦呦偏爱植物化学、本草学和植物分类学，实验室更令她流连忘返。瞧那些试管，多么优雅。瞧那显微镜，多么神气。还有千姿百态的草药，让人爱不释手。呦呦愈发沉静了，她沉浸在中医药的世界里，与百草诉说着神奇的密语。

大学毕业，屠呦呦进入中医研究院（现中国中医研究院）工作，成为一名中药研究人员。

20世纪50年代，血吸虫病肆虐，"华佗无奈小虫何"。屠呦呦发现，半边莲和银柴胡虽然有效，但还不够。于是，她把这两种武器的威力升级了，为送走瘟神做出了了不起的贡献。同时，她抓住一切机会学习，向老药工学炮制，跟大专家系统学习中西医理论，去野外采集标本，回实验室做研究。这个长于小康之家的江南女孩，她一方面对物质享受没什么需求，另一方面却总觉得不够：时间不够，能力不够，知识不够、对中药遗产继承得不够、利用得不够……她要学习，要求证，要提升自己。

时间来到60年代，一种可怕的疾病——疟疾在东南亚等地爆发，科学家筛选出二十多万种药物，抗疟效果都不理想，全球的目光投向中国，希望从中草药中寻求突破。1967年5月23日，中国"523"项目组成立，全国七省市几十个单位共同攻关，至1969年，筛选出化合物和中草药已达万余种，效果仍不满意。

至暗时刻，"523"项目组找到北京中药研究所求助，副所长张国振想到屠呦呦。

这一年屠呦呦39岁，丈夫远在云南，她独自照顾两个女儿，一个三岁半，一个一岁多点。

但屠呦呦只说了两个字："我上。"

1969年1月至4月，屠呦呦和同事汇集了包括植物、动物、矿物等两千余方药，整理出了640个方剂。

在接下来的药物筛选中，胡椒提取物对疟原虫的抑制率竟然达到84%，把大家激动坏了。但屠呦呦很快发现，患者血液中疟原虫依旧存在，症状虽然有所减轻，却没有根治。

1971年，青蒿进入屠呦呦的视线，可青蒿的动物试验结果还不如胡椒，对疟原虫的抑制率只有68%。屠呦呦坚信老祖宗智慧，她一遍一遍整理着各类关于青蒿治疟疾的古方。

屠呦呦发现，东晋葛洪《肘后备急方》说青蒿"绞取汁"，而不是通行的水煎，她马上想到温度，会不会是水煎的高温破坏了青蒿的有效成分？灵感指引着她开始逆向思考，那就用低温。什么溶剂在低温条件下也可以提取出有效成分呢？乙醚，它的沸点只有34.6度。

思想的火花重新点亮了实验室。药厂停工，只能用土法。项目组买来青蒿，把叶子包起来用乙醚泡。直到第191次实验，终于发现了有效成分，动物实验的抑制率达到了100%。大家争当"小白鼠"，试用到人体身上，一周后，没有出现副作用，结果十分理想。

有效成分到底是什么呢？屠呦呦和同事又开始新一轮实验。第二年，有效抗疟单体——青蒿素终于现身了！很快，它就走出中国，走出亚洲，走遍全世界，半个多世纪过去，它还在持续造福人类。

2015年10月5日，屠呦呦成为中国第一位获得诺贝尔奖的科学家，时年85岁。

面对迟来的殊荣，屠呦呦说："青蒿素是中国传统医药献给世界的一份礼物。"

"呦呦鹿鸣，食野之蒿。"屠呦呦还是那只小鹿，面对中医百草，一往情深，孜孜不倦。

那些女孩教我的事：
荣誉会迟到，而执着的热爱历久弥新。

张纯如：让"南京记忆"成为"世界记忆"

华裔女作家、历史学家
（1968年3月28日—2004年11月9日）

"忘记南京大屠杀，比南京大屠杀本身还要可怕。"

"我们从小就知道什么是死亡，但我们也都知道，应当尊重生命以及大多数人都会经历的死亡过程。"

张纯如出身于美国东海岸的普林斯顿，那是物理学家爱因斯坦生活过的城市。她的父母来自中国的宝岛台湾，在美国伊利诺伊大学任教，小纯如在伊利诺州长大。

纯如从小口才就很好，饭桌也成为她的主场，她能滔滔不绝地输出自己的观点，弟弟从来说不过她。因为喜欢表达，纯如很自然地喜欢上了写作，在大学三年级时放弃了所学的计算机专业，转学新闻专业。

大学毕业后，担任《芝加哥论坛报》记者的纯如，偶然在一个展会上第一次看到关于南京大屠杀的照片。纯如想起父母和祖父、外祖父的讲述，1937年，在大洋彼岸一个叫南京的城市，祖辈们如何逃离那个血流成河、江水血染的人间地狱……

震撼之余是愤怒：西方媒体无时无刻不在宣传、强化犹太人在二战时的遭遇，而关于南京大屠杀，西方世界竟无一本用英语写的书籍，甚至日本右翼分子还一直否认南京大屠杀的事实。作为中国人的后代，张纯如认为自己有责任唤醒西方社会。她决定去南京，写一本书。

1995年7月，27岁的张纯如只身一人来到南京。马尾辫、T恤、短裤、白球鞋，一副青涩的学生模样。南京方面的接待人员有点怀疑：一个小姑娘，能完成这么沉重、艰巨的任务吗？

南京的夏天又湿又热，由于水土不服，张纯如一直感冒。白天她采访大屠杀幸存者，寻找日军暴行发生地，翻阅档案资料；晚上回到宾馆，她将中文资料与从美国带来的英文资料加以对比，并在一份30年代的南京地图上进行标记。

在南京走访调查的一个月里，张纯如获得了侵华日军南京大屠杀遇难同胞纪念馆原副馆长段月萍女士、江苏省行政学院杨夏鸣教授，以及江苏省社会科学院历史研究所研究员王卫星等中方人员的鼎力相助。每次采访结束，张纯如都会给幸存者一些钱聊表心意。一次采访结束后，她郑重地对杨夏鸣说，这本书写完出版后，她要去学法律，将来代表这些幸存者与日本政府打官司，要求日方赔偿。

张纯如在整理资料的过程中，还发现有多处提及南京安全区国际委员会主席德国人拉贝先生，这位拉贝先生引起她的关注。回美国后，她多方努力，找到拉贝的后人，在多方人士的共同努力下，记录南京大屠杀的《拉贝日记》终见天日。在耶鲁大学图书馆沉睡多年的《魏特琳日记》，也经纯如介绍给中国。这两本来自西方人的真实史料，成为日军南京暴行的铁证。

工作中的张纯如是理性、高效的，赢得南京同行的尊重；但她又是感性、痛苦的，日军的累累暴行和同胞的绵绵苦难，令她不得不常常停下打字的双手，以稳定情绪。

结束采访回到美国，张纯如开始写作。南京大屠杀是一部酷刑百科全书，她不仅要面对，还要叙述出来，日军的恶劣和残忍令她气得发抖、失眠噩梦、体重减轻、头发大把脱落。在无边无际的黑暗、血污、死亡中，纯如柔软的心被一次次撕裂。妈妈心疼她，纯如说，作为一名作家，她要将这些遇难者从遗忘中拯救出来，替那些暗哑无言者呼号。

1997年12月，《南京大屠杀》面世即轰动全美，登上全球最权威的《纽约时报》畅销书榜，一个月内印行7次。日本右翼分子非常恐慌，组团攻击张纯如，给她寄恐吓信。张纯如毫不示弱，要求日本驻华盛顿大使上美国公共电视台辩论。心虚的日本人拖了半年后，硬着头皮同意了，结果被张纯如驳斥到哑口无言，丢脸丢到全世界。

然而，无耻的日本人并没有死心，他们持续地跟踪、骚扰纯如，令她身心俱疲，患上严重的抑郁症。2004年11月9日，纯如结束了自己年仅36岁的生命。

如今，每年的12月13日已被确立为南京大屠杀死难者国家公祭日，《南京大屠杀档案》也正式列入《世界记忆名录》。张纯如曾说，她为历史只有受害者铭记而委屈，为施暴者的试图遮掩而愤怒，也为直到几十年后亦无人采取方式让历史真相得以保存、让铁证如山而心悸。这就是她做出选择的原因，也是她全部勇气的来源。

那些女孩教我的事：
用生命照亮一段历史，一个人的力量也能改变世界。

任长霞：中原大地上的女英雄

公安局局长、"警界女神警"
（1964年2月8日—2004年4月15日）

"公安、公安，心中只有'公'，人民才能'安'。"

1964年，任长霞出身于河南郑州一个工人家庭。家里太穷，父母只好把3岁的她送到老家，和爷爷奶奶一起生活。因为身体瘦弱，爷爷让她练武。习武培养了她倔强、好胜、疾恶如仇的性格。后来，她考上梦寐以求的河南省人民警察学校，毕业后被分配到郑州公安局中原分局工作。

年轻警察热情高涨、尽职尽责，几年时间，就从记录员提拔为预审科科长，再到技术侦查支队支队长。

2001年4月，任长霞调任登封市公安局局长，成为河南公安系统中第一个女公安局局长。

登封市位于郑州、洛阳、平顶山三市的接合部，多年来治安形势严峻，大案、积案很多，百姓对公安怨气很大。对新来的女局长，百姓并不看好，跟穷凶极恶的歹徒斗，她行吗？

于是上任第一天，任长霞就召开全市警察大会，她在会上讲："公安局是干什么的，是保护人民的盾，对付敌人的刀。过去我们破不了案，群众管我们公安局叫粮食局，这是我们的耻辱！"

任长霞首先从内部入手，整顿民警的纪律作风，先后开除了15名不作为的公安人员，让同事心服口服。接着，她将每周六设定为局长接待日，专门接待来访的百姓。第一个接待日，任长霞从早上8点开始，直到晚上11点送走最后一名百姓，中间只吃了一个烧饼充饥，共接待了124名百姓。任长霞从百姓那里得知，绝大部分冤屈来自当地黑恶势力王松。她眼睛哭红了，手不停地颤抖，心里的念头却越来越坚定：要成立专案小组马上调查王松。

　　王松仗着自己有钱有势，估摸这个新来的女局长也就是个"花瓶"，没胆量跟自己斗，就打算用金钱收买。任长霞将计就计，在办公室会见了王松。当王松把一沓沓钱掏出来时，任长霞发出暗号，门外的警察冲进来将王松当场抓捕归案。

　　得知这个消息，1000多名受害百姓敲锣打鼓送来锦旗，在公安局门口接连庆祝3天。

　　任长霞在职的1000多个日夜，多次化装侦查、深入虎穴，破获

2000多起大案要案。登封社会治安逐渐好转，百姓可以安心将不上锁的摩托车放在街上过夜。登封人称她"任青天"，就连她的车牌号"0044"也被解读为"动动试试"，是对犯罪分子的无声震慑。

面对黑恶势力，任长霞一身正气，疾恶如仇，坚如盾，利如刀；但面对百姓时，她总是侠骨柔情，无微不至，从不摆公安局局长的架子。

2001年5月，登封发生一起特大瓦斯爆炸事故，任长霞收养了事故中失去亲人的刘春雨。她还自发在公安局开展救助孤儿的行动，组织捐款捐物，让126名失学儿童重返校园，孩子们都亲切地称她为"任妈妈"。

然而，任长霞因为忙于工作，与自己的家人却聚少离多，在郑州上中学的儿子早已习惯妈妈的忙碌。

2004年4月14日，任长霞在郑州汇报完一个大案侦破工作，连夜赶回登封。她其实本不必赶回去，已经快一个月没见家人了，跟家人聚一晚，第二天再返回开会，也是情理之中。但心系工作的任长霞匆匆上车，她想让登封的治安更好一点，百姓的生活更舒心一点。开上高速20分钟后，她乘坐的汽车和没有尾灯、同方向行驶的大货车追尾……

这一年，她刚刚40岁。

2004年4月17日，登封30多万群众自发送别任长霞。络绎不绝的群众排队吊唁，号啕大哭。有人身披重孝，有人长跪不起。现场白花胜雪，登封市内鲜花、花圈和花篮都售罄了。医院附近的布告栏和电线杆上，贴着很多哀悼颂扬她的诗。一首名为《登封三日祭》的长诗，十几页的纸张挂在绳子上整整一长溜，称她是"登封人民的守护神"。

"霞蔚长空,警魂不朽",这是刻在任长霞墓碑上的8个字,是她短暂又光辉的一生的真实写照,也是百姓对她的深切怀念。

那些女孩教我的事:

因选择而热爱,因职责而坚守。做暴风雨中的海燕,做不改颜色的孤星。

郎平：为排球而生的"铁榔头"

排球运动员、奥运冠军

（1960年12月10日— ）

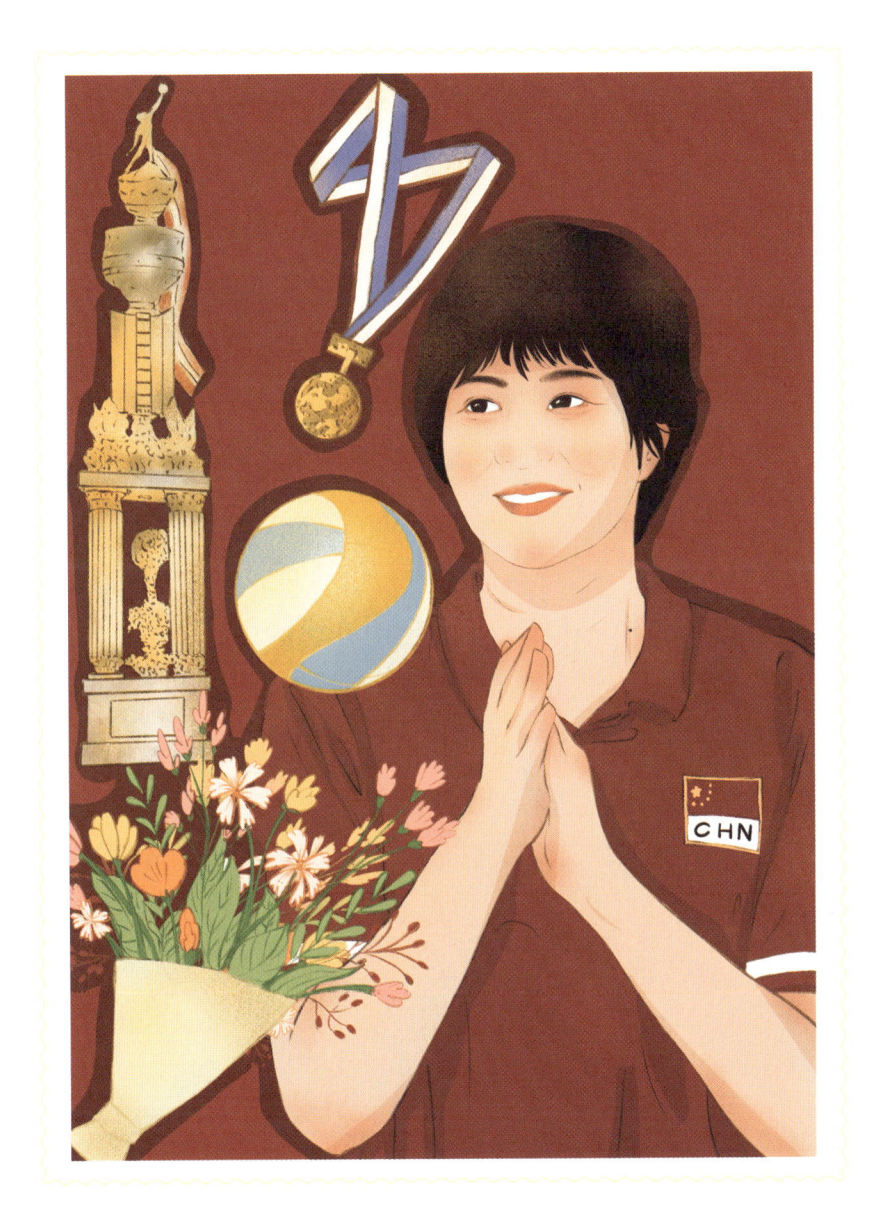

"不仅要在顺境时相信自己行,更要在逆境时相信自己行。"

1966年,6岁的郎平随父母从天津搬家来到北京,住在北京工人体育馆附近。郎平的父亲是个体育迷,经常带着她看比赛,尤其是排球,小郎平对其产生了浓厚的兴趣。

13岁那年,郎平长到1.69米。也正是因为她出众的身高,这年4月,北京工人体育场业余体校排球班到郎平所在的学校挑选队员,一眼就选中了她。排球班每天大负荷的训练从6月持续到8月,同去的三位同学都退出了,只有郎平坚持了下来。上中学后,郎平参加了校排球队,由于拼命地训练,她脚上的鞋子几乎一个月穿破一双。队友们经常开玩笑:郎平,你的鞋子又饿了。18岁时,郎平入选国家队。在旁人看来,郎平个子高、弹跳力好,排球之路走得很顺畅,只有她知道自己除了所谓的天赋外付出了多少努力。

刚进国家队时,郎平踌躇满志,没想到她连球都摸不到,教练要求她只有深蹲超过100kg才可以碰球,参加分组训练。自诩技术了得的郎平直犯嘀咕,教练引导她:一流运动员是各项能力的综合。如果只专注于手上技术而不去练腰腹力量,只能成为一个合格的排球女将,加上100kg深蹲练习,弥补上力量短板,才能成为优秀的运动员。

郎平的眼界打开了,再观察身边比自己强却比自己还要努力的队友,自己作为一个替补队员,只有玩命地练。白天常规训练结束,夜晚她还会进行防守训练,一次防守要练100多次。郎平哭过、抱怨过，但是她知道，只有超常的努力才能成功。

1978年12月，在曼谷举行的第8届亚运会上，胆识过人的主教练袁伟民，竟让入队才一个多月的郎平以主攻手身份上场迎战"东洋魔女"日本女排和世界劲旅韩国女排。比赛场上，郎平和队友们拼尽全力，最终还是败给了日本队。

时隔一年，1979年12月12日，在香港举行的第2届亚洲排球锦标赛上，郎平和她的队友们一起，首次击败了20年来从未击败过的日本女排，给中国体坛带来了希望。消息传到北京，当晚天安门广场前响起了喜庆的爆竹声。日本报刊惊呼："郎平打乱了日本女排的阵脚！"年仅19岁的郎平，以中国女排绝对主力强攻手的身份，亲手打败了排坛霸主"东洋魔女"，实现了她一年前的誓言。

1981年至1986年，中国女排成为世界排球历史上第一支五连冠的队伍。女排的气势，振兴了一个时代，也成为80年代的象征。作为中国女排的灵魂人物，郎平被球迷们亲切地称为"铁榔头"，她扣球的英姿甚至被画成漫画印上了邮票。世界第一主攻手的名号得来不虚。当时的郎平展现了逆天的身体素质，后辈至今只能望其项背。她力量无穷：深蹲达到180kg，和男子散打王柳海龙旗鼓相当；她体能无解：单场比赛最多扣杀96次，整整是别人的两倍。前女排主教练陈忠和说，郎平的扣球甚至和男子运动员没什么区别。

当队员时，郎平包揽了三大赛的冠军MVP（注：最有价值球员），带领中国

女排实现了五连冠的壮举。退役后转型教练的她,又在中国女排遭遇困境时挺身而出,带领女排姑娘再创辉煌,中国女排又有了"主心骨"。2021年9月1日,殚精竭虑的郎平宣布正式卸任中国女排主教练。

自20世纪80年代起,中国女排已经经历了40年的发展,中国女排一直在前进,女排精神也激励了一代又一代人。在郎平看来,"女排精神不是赢得冠军,而是有时候知道不会赢,也竭尽全力。是你一路虽走得摇摇晃晃,但站起来抖抖身上的尘土,依旧眼中坚定"。

那些女孩教我的事:

人生不是一定会赢,而是要努力去赢,用5%的努力去撬动95%你无法决定的事情。

张桂梅：奇迹校长

"七一勋章"获得者

（1957年6月— ）

"我生来就是高山而非溪流，我欲于群峰之巅俯视平庸的沟壑；我生来就是人杰而非草芥，我站在伟人之肩蔑视卑微的懦夫。"

1957年，张桂梅出生在黑龙江省牡丹江市的铁岭公社。她的出生地叫"赤玫火笼"，在满语中意为"开满野玫瑰的地方"。她是家里的老五，从小就瘦还很淘气，大家叫她"五猴子"。给"五猴子"上户口的时候，家长报的名字是"张玫瑰"，管户籍的工作人员不会写玫瑰，倒是会写"桂梅"，她的名字由此得来。

小桂梅上小学了，还当上了班长。"五猴子"上学了也不让人省心，她曾经历过三次惊险：一次是放学后一个人朝家相反的方向走，天黑迷路时遭遇一只狼，幸得一名捡柴人搭救；一次是被当年日本鬼子留下的炸弹爆炸掩埋，好在被扒出来后并无大碍；还有一次是坐在拉柴火的拖拉机上，拖拉机翻了把她压在底下，被救出来时她毫发无损。

在东北这片辽阔的黑土地上，张桂梅无拘无束地成长，天不怕地不怕的童年培养了她乐观、勇敢的气质秉性。

18岁那年，张桂梅随姐姐来到云南省的中甸县（后来改名为香格里拉），在红山林场做了一名林场工人。滇西北雪山巍峨，大树高耸入云，苔藓厚得像棉被一样，随处可见的野草莓鲜红欲滴……在滇西北迪庆雪域高原的十多年，曾经的文艺青年张桂梅承担过繁重的林场工作，感受过结婚、读大学、做老师的幸福喜悦，还遭受了失去爱人的痛苦。

1996年8月，她要求调到边远的丽江市华坪县中心学校。

初来乍到的张老师注意到一个奇怪现象——不少华坪女孩读着

读着就不见人了。原来这些女孩的父母要她们辍学回家，早点嫁人。一次次的家访后，张桂梅意识到，贫穷—辍学—更贫穷，这是一个死循环。一个女孩可以影响三代人，如果能培养有文化、有责任心的母亲，大山里的孩子就不会辍学，更不会成为孤儿。女孩必须走出大山，接受高等教育，张桂梅的目标是阻断贫困的代际传递。

张桂梅很心痛，但心痛没有任何用处，家长没钱让女孩读书，那就办一所免费的女子高中。不管中考分数高低，只要愿意读书，女孩们都可以来这里，不要学费，不要书本费，也不要生活费。只希望她们能考上大学、走出大山，用知识改变命运。

然而，华坪是个贫困山区县，张桂梅是个穷教师，哪里有钱办一所免费学校呢？

从2002年起，连续5年一到寒暑假，张桂梅就拿着自己的劳模证、优秀教师等一沓证书跑去昆明，在街上逢人便请求给予5块、10块的资助。

怎么会有这样的老师？人们只当她是骗子。张桂梅迷茫了，也几乎要一筹莫展了。

2007年，张桂梅被选为党的十七大代表去北京参会。华坪县委、县领导特意给了7000块钱，叮嘱她买身正装。张桂梅却舍不得花在自己身上，转身给学校买了一台电脑，自己穿着一身平时穿的旧衣服就去了北京。进会场前，她被一名女记者悄悄拉住："你摸摸你的裤子。"张桂梅一摸，顿时满脸通红，原来不知什么时候，这条裤子已经被穿得磨破了洞。

散会后，张桂梅应约找这位女记者聊天。张桂梅将自己想建一所免费女高的梦想告诉她，两人从傍晚一直聊到深夜，边哭边聊，边聊边哭。不久后，这位新华社的女记者写了一篇《"我有一个梦想"——访云南省丽江市华坪县民族中学教师张桂梅代表》的报道，将张桂梅和她的梦想讲给了全国人民听。

从北京回来后，丽江市、华坪县分别给张桂梅拨款一百万，让她筹建女高。第二年，华坪女子高级中学正式挂牌成立，这是全国第一所免费的女子高中。

免费的学校有了，家长还是不肯让女儿出来读书。张桂梅又踏上了家访路，挨家挨户地向他们许诺，不管孩子将来想读什么学校，学校都会尽全力帮助，负责到底。为了不落下一个孩子，疾病缠身的张桂梅爬山蹚河，战战兢兢，拄着棍子一次次出发。

在张桂梅的努力下，这些年华坪县有2000多名女孩走出大山，华坪女高的一本上线率高达40%，高考综合成绩连续多年稳居丽江市第一名。

有女学生说："如果没有张校长，像我这样的女孩，现在孩子都可能3岁了，是她改变了我的命运。"

是的，读书改变女孩的命运，这也是张桂梅强忍伤痛坚守岗位的信念，"值得，换来了多少孩子们有学上……我会和她们战斗到我最后那一口气"。

这些年，为山区贫困家庭女孩上学的事，张桂梅积劳成疾，身患23种疾病，全身上下贴满了膏药，每天把药当饭吃。可她每天依然早上5点起床，举着喇叭呼喊学生们起来晨读，晚上12点又守在宿舍楼下催学生们睡觉。

一天夜里，张桂梅在学校里晕倒了，醒来的第一句话是："能不能把我的丧葬费提前预支给我，我要亲眼看着这些钱都用在孩子们身上，我才放心。"

2021年，张桂梅入选"感动中国2020年度人物"。在颁奖现场，她穿的还是2007年的那身旧衣服。

她一生无儿无女，却被几千个孩子叫作"妈妈"；她瘦骨嶙峋，步履维艰，却用生命燃灯引领2000多名贫困女孩走出大山；她是名普通教师，却被写进了历史。

写给张桂梅的颁奖词是："自然击你以风雪，你报之以歌唱。命运置你于危崖，你馈人间以芬芳。"

她是崖畔的桂，雪中的梅，她本就是高山。

那些女孩教我的事：
那些追逐着光的人，自己也成了光。

王亚平：播种航天梦想的"太空教师"

"英雄航天员"，中国首位"太空教师"
（1980年1月—　）

"梦想就像宇宙中的星辰，看似遥不可及，但只要努力，就一定能够触摸得到。"

1980年，王亚平出生在"大樱桃之乡"——山东烟台的一个小山村。

王亚平从小身体素质就不错。小学时，别的同学跑800米跑得脸色发白，她却很轻松地拿下第一名。她喜欢长跑，从小渴望"飞翔"，经常爬上家中最高的樱桃树，被父亲笑："你爬那么高咋不飞上天呢？"

王亚平文化成绩也很好，考上了烟台的重点中学。高三那年，长春飞行学院来烟台招收女飞行员，王亚平抱着见世面的心态报了名。结果一路过关斩将，通过了所有测试和考核。父亲的玩笑变成真的了，她真的可以"飞上天"了。

在长春飞行学院的前两年，王亚平每天都需要进行军事训练和体能训练，连飞机影子都没摸到。淘汰了7名同学后，她们剩下的30名学员转入哈尔滨第一飞行学院，开始了真正的飞行生涯。在之后的飞行训练中，她掌握了4种机型的飞行驾驶技能。

2003年10月15日，"神舟五号"飞船发射升空，航天员杨利伟实现了中国人千年飞天梦，也点燃了无数人的航天梦。王亚平热血沸腾，中国什么时候会有女航天员呢？2010年，在全国航天员选拔中，王亚平凭借过硬的飞行技术和超强的心理素质脱颖而出，正式进入预备航天员行列。

从预备到进入太空，真正的考验还没到来。

想要成为航天员，第一关是体能训练。别的职业体能训练是增强体能，航天员的体能训练是要挑战人体极限。如果这些训练不达标，就无法适应太空的生存环境。王亚平深知，太空不会因为你是女性就改变它的环境，也不会因为女性的到来而降低它的门槛，所以女航天员平时的训练内容、训练强度、训练方法和男航天员基本是一样的。

航天员八大类、百余个训练科目的学习训练，其中有一项超重耐力训练，是在高速旋转的离心机中承受8倍的重力加速度。进行这项训练时，航天员的脸部肌肉会因为强大的牵扯力而严重变形，眼泪不自觉地往外流，同时感到呼吸困难。此外，航天员还会出现脑部缺血，而在这种情况下，他们必须完成各种技术动作。王亚平刚加入航天员队伍时一直没能突破二级，身体的极限让她难以承受。她一面向"老大哥"们讨教，一面加班加点增强心血管和肌肉练习。第二年，她超重训练的成绩轻松达到一级。

出舱活动的水下训练中，王亚平要穿戴一百二十多千克的舱外航天服，在10米深的水下，克服水的阻力和服装40千帕的压力，在水下持续工作五六个小时。舱外活动对上肢的力量和耐力要求是非常高的，就身体素质而言，对女航天员是存在挑战的。怎么办？只有练。为此，王亚平加强针对上肢的训练，练习引体向上、俯卧撑、杠铃、哑铃等等，她经常练到双臂酸软，拿筷子时双手直抖。

2013年，经过层层选拔，王亚平与聂海胜、张晓光一起乘"神舟十号"进入太空。在那次飞行中，她还完成了一项特殊的任务——

在与"神舟十号"对接成功的"天宫一号"里给全国的中小学生们上一节"太空课",这节太空课在数以万计青少年心中埋下了探索科学和太空的种子。

8年后,王亚平和翟志刚、叶光富驾乘"神舟十三号"飞船再次进入太空。2021年11月7日,翟志刚打开天和核心舱节点舱出舱舱门。"我是02,我一会儿出舱,感觉良好。"王亚平紧随其后,迈出了中国女性舱外太空行走第一步,多年的刻苦训练终于在此时派上了用场。经过约六个半小时的出舱活动,王亚平从容沉着,和翟志刚合作完成舱外互助、救援、验证等既定任务,安全返回天和核心舱。

在这次太空之旅中,王亚平进行了两次太空授课,演示了各种各样的实验,被誉为"教学中的顶流,网课界的天花板"。2022年4月16日,"神舟十三号"结束183天的太空之旅,顺利返回地球。

王亚平曾说,她的梦想,刚开始是飞行梦,后来是航天梦。女性是人类的半边天,女性航天员在中国航天史上留下了重要的印记,而在浩瀚的宇宙中,女性力量定会愈发闪耀。

那些女孩教我的事:
心有凌云志,手可摘星辰。所有的未知都值得去探索,所有的局限都可以被超越。

杨宁：最美逆行者

大学生村官
（1985年10月— ）

"在我成长过程中,村民们的淳朴、善良让我非常感动,他们不仅教会了我感恩,还给了我很大的正能量和坚守的力量。所以,我天生为服务农民、为服务农村而来。"

杨宁是广西融水苗族自治县江门村人,江门村是深山里的贫困村,人多地少,条件艰苦。她和弟弟跟着奶奶生活,从小的愿望就是离开大山。2006年,杨宁考上广西大学,大学期间顺利入党,找工作时成功收到省城一家公司的录用通知,儿时的愿望就在眼前。

一天中午,杨宁走进学校附近一家米粉店,看到一个阿婆带着一个男孩和一个女孩,三人只买了一碗粉。杨宁有些纳闷:"阿婆,一碗粉够三个人吃吗?"阿婆说:"哪里够哦,但我只有两块钱。"

杨宁的心被刺痛了,这一幕多像当年奶奶带着自己和弟弟。她想起前两天得知的消息:家乡正在选聘大学生村官。其实她有过这个念头,给父母的理由是回家可以照顾奶奶,但父母强烈反对:照顾奶奶有他们。有几个孩子考出去还回来的?不然,这么多年的书不是白读了吗?父母的话是替她考虑。但是,如果能够用自己所学让山里富起来,让山里的奶奶妹妹弟弟们不再为只能买一碗粉而犯愁,那就是值得的。

留在城里还是返乡?考虑几天后,杨宁毅然决定了后者。她转头给父母做思想工作,父母拗不过她,最后勉强同意了。

到任第一天,杨宁特意换上新买的解放鞋,跟着村主任下村入户。村民们说:"这个阿妹不错,懂得穿解放鞋,是个做事的人。"

杨宁准备大展拳脚。安陲乡有丰富的竹子资源,考察市场后,她贷款5万元作为启动资金,建起竹子收购点。然而,竹子产业的收益周期较长，杨宁开始探索更优质的产业项目。苗族人爱吃辣，种辣椒会是个不错的选择。杨宁找到同学一起投资试种高山辣椒，不料那一年雨水特别多，辣椒苗长斑腐烂，专家也束手无策。杨宁没有气馁，接着打起了种植野生葛根的主意，贷款20万，带领农户种植高山葛根。没想到大苗山昼夜温差太大，产量不行。

几次失败，乡亲们不仅没赚到钱，还跟着亏本，大家开始质疑这位大学生村官。杨宁偷偷地哭了一场又一场：自己的钱都是跟银行借贷的，这笔钱以后怎么还？不少同学劝杨宁：凭你的韧劲和吃苦精神，来城里发展一定会更好。杨宁有点动摇了。

老支书和她谈心："城里少你一个大学生不会怎么样，但村里多你一个大学生会很不一样。"杨宁心里也憋着一股劲：如果就这样放弃了，那真就是白做了。摔倒了还可以站起来，年轻就是本钱。

2015年年底，杨宁走访时在村民家里发现一种紫色糯米，询问得知，这是一种叫紫黑香糯的苗家特产，价格比普通糯米高出两到三倍。杨宁心里盘算：用苗族传统的"稻+鸭+鱼"共作模式种紫

黑香糯，不仅可以利用鸭粪做肥料，还能通过卖鱼和卖鸭子再增加一份收入。

开动员会的时候，村民们先是默不作声。还有村民起哄："小杨，你种啥赔啥，可别再拉上我们一起赔啊。""小杨，等你村官期满找个好人家嫁了更靠谱，别瞎折腾了。"只有贫困户刘枝福站了出来："小杨我相信你，跟着你干！"

这句话给了杨宁动力。为了让村民安心，杨宁把家人为她准备的婚房偷偷卖掉，筹集了30多万元作为产业启动资金。"我免费提供稻谷、鸭苗、鱼苗，你们负责种养，我负责回收，国家还有针对贫困户的产业奖补资金，尽管放心！"她对村民说。

这一年，江门村63户贫困户种植了120亩紫黑香糯，收入比往年高了两倍。看得见的收益，让杨宁获得了村民的信任。

之后，杨宁又相继带领村民创建"苗阿嫂""苗阿公"品牌，建起农产品加工厂，使村集体经济扭亏为盈，家家户户走上了致富路。

大学毕业返乡的13年里，杨宁扎根农村沃土，带领全村父老乡亲脱贫致富，成为当地群众的"自己人"和"贴心人"。2018年，杨宁被选为中国妇女第十二次全国代表大会代表，去北京人民大会堂参加会议。2023年3月4日，她当选"感动中国2022年度人物"。

从穷乡僻壤的深山苗寨，到如今瓜果飘香的美丽乡村……看着家乡的巨变，杨宁觉得一切辛苦付出都是值得的，她希望能有更多的年轻人到农村来，有人才才有更美好的未来。

那些女孩教我的事：
生逢盛世，当不负盛世。脚下沾有多少泥土，心中就能沉淀多少真情。

李娜：独自上场的大满贯得主

网球职业运动员

（1982年2月26日— ）

"因为我真的很想取得进步,因此我不得不做出改变,不然的话我就只能原地踏步。"

李娜出生于武汉,一个夏天是火炉冬天是冰窖的城市。因为父亲曾是省羽毛球队队员,李娜6岁时,父亲把她送到业余体校学羽毛球。教练发现孩子手腕不会用力,臂力却大得惊人,建议她改学网球。父亲同意了。

从业余体校打到湖北省网球队,父亲一直是李娜的坚强支柱。但是,李娜14岁那年,父亲病逝,家里还欠了一大笔钱。李娜仿佛一夜之间长大了:只有打球,只有赢得奖金,才能还清父亲住院期间借的医药费,才能撑起这个家。之后,不论教练如何严苛,李娜都咬牙承受下来,因为她没有选择。她对胜利的渴望,就像在沙漠中濒临死亡的人对水的渴望一样。在亚洲少年网球赛中拿到第一个女单冠军后,16岁的李娜对着摄像机宣布了自己的梦想:我希望能打到职业前10。那时的她尽管一脸稚气,却无比笃定。

但是,这个隐忍的女孩是有脾气的。2002年,李娜已经成为国家队的绝对主力。教练没有跟李娜商量,就拆散了她与姜山的混双组合。这对组合已经合作4年,李娜的愤怒可想而知。加上备战釜山亚运会，长久的压力使她的生理期出现紊乱。内外交困，李娜留下一封退役申请，连球拍都没有带走，就离开了国家训练中心。毫无疑问，在国家利益至上的大背景下，这种行为引发了巨大的争议。李娜没有理会这些争议，她和男友姜山走进华中科技大学新闻学院，她要去读书。

大学生活平静而快乐。这天来了一位不速之客——国家网球管理中心主任孙晋芳，她是来劝李娜复出的。孙主任说："你有天分，打球是你实现自我的手段，为什么不为自己打下去呢？"李娜愣住了，小时候为省队打，长大后为国家队打，她一直在为集体而战，这是她第一次听到为自己而战。为自己而战，就是进入职业赛道，这是李娜在16岁就立下的梦想，不是说要进入职业前10的吗？

重披战袍的李娜不负众望，相继打进温网8强和美网16强。2008年，北京奥运会开幕式前，李娜刚做完膝盖手术。孙主任劝她，算了吧。但李娜不想退缩。在击败网坛一姐大威廉姆斯后，她获得女子单打第4名，创中国运动员网球女单奥运会的最好成绩。然而，有球迷认为李娜在"家门口"比赛就应该得冠，只得第4名是她没有尽力，只想打奖金丰厚的职业赛。李娜自然委屈，但作为运动员，特别是职业运动员，只能凭成绩证明自己。

2011年法网比赛上，29岁的李娜拿到职业生涯的第一个大满贯，成为亚洲第一个全球大满贯球员。2015年，李娜获得"体坛奥斯卡"之称的劳伦斯世界体育奖"特别成就奖"，她的职业排名从上一年的第15名上升到第4名。职业前10，实现了。

然而，接下来近600天，李娜要么止步于决赛，要么停在四强。所有人都认为，年过三十的李娜巅峰不再，余下的只是垃圾时间。李娜当机立断，换教练，换打法。她找到国际名帅罗德里格斯。几

个月后，李娜的发球动作更为简洁连贯，发球的威力提升了。以往稳守底线的李娜，现在更多地来到中前场给对手施压，正手增添了更多平击，反手则是增加了切削的变化。

2014年澳网半决赛，李娜拿捏住莎拉波娃的优势，以总比分2∶0完成"砍莎计划"。决赛又是一个2∶0，击败齐布尔科娃，斩获法网大满贯。至此世界排名升为第2名。

放眼国际网坛，30岁以后愿意且能够改变核心打法的人，屈指可数。教练也难以置信："我对她最大的敬意，来自她年过三十还有改变的勇气。"

是的，法网大满贯后，名利对李娜而言已经不是首要目标。但是，体育精神就是要超越自己，面对伤病、面对不看好，李娜还是独自上场。

历史悠久的四大满贯赛事是网球最高殿堂赛事，堪称"皇冠上的明珠"，长期被白人选手占据。夺取大满贯，曾是中国乃至整个亚洲网坛遥不可及的梦，李娜用两次夺冠证明，只要你追求卓越，看似遥远的梦也是可以实现的。

> 那些女孩教我的事：
> 每个人都有属于自己的赛道，找到它，征服它。不被旁人的质疑所影响，勇敢面对自己的野心和欲望，在战胜自我的路上"独自上场"。

下一位，是你

请写下独属于你的故事。

图书在版编目（CIP）数据

了不起的女孩.1／胡其山著. —— 北京：中国致公出版社，2024.9. —— ISBN 978-7-5145-2017-0

Ⅰ.K818.5

中国国家版本馆CIP数据核字第2024UY3649号

了不起的女孩.1／胡其山著
LIAOBUQI DE NÜHAI

出　　版	中国致公出版社
	（北京市朝阳区八里庄西里100号住邦2000大厦1号楼西区21层）
出　　品	湖北知音动漫有限公司
	（武汉市东湖路179号）
发　　行	中国致公出版社（010-66121708）
作品企划	知音动漫图书·文艺坊
责任编辑	方　莹　柳　欣
责任校对	吕冬钰
装帧设计	李艺菲
责任印制	翟锡麟
印　　刷	武汉精一佳印刷有限公司
版　　次	2024年9月第1版
印　　次	2024年9月第1版第1次印刷
开　　本	710mm×1000mm　1/16
印　　张	6
字　　数	69千字
书　　号	ISBN 978-7-5145-2017-0
定　　价	39.80元

版权所有，盗版必究（举报电话：027-68890818）
（如发现印装质量问题，请寄本公司调换，电话：027-68890818）